BEI GRIN MACHT SICH IHR WISSEN BEZAHLT

AF153449

- Wir veröffentlichen Ihre Hausarbeit,
  Bachelor- und Masterarbeit

- Ihr eigenes eBook und Buch -
  weltweit in allen wichtigen Shops

- Verdienen Sie an jedem Verkauf

Jetzt bei www.GRIN.com hochladen
und kostenlos publizieren

Herausforderungen und Chancen der Nutzung von KI in der Sozialen Arbeit

Bibliografische Information der Deutschen Nationalbibliothek:

Die Deutsche Nationalbibliothek verzeichnet diese Publikation in der Deutschen Nationalbibliografie; detaillierte bibliografische Daten sind im Internet über http://dnb.d-nb.de abrufbar.

ISBN: 9783389016534
Dieses Buch ist auch als E-Book erhältlich.

Druck und Bindung: Books on Demand GmbH, Norderstedt Germany
Gedruckt auf säurefreiem Papier aus verantwortungsvollen Quellen

Das vorliegende Werk wurde sorgfältig erarbeitet. Dennoch übernehmen Autoren und Verlag für die Richtigkeit von Angaben, Hinweisen, Links und Ratschlägen sowie eventuelle Druckfehler keine Haftung.

Das Buch bei GRIN: https://www.grin.com/document/1469242

Semester: 4. Semester - Teilzeit

Studiengang: Bachelor of Arts – Soziale Arbeit

Seminararbeit

Herausforderungen und Chancen der Nutzung von KI in der Sozialen Arbeit

Eingereicht am 18. Februar 2023

Inhaltsverzeichnis

Abkürzungsverzeichnis

bzw. = beziehungsweise

IBM = International Business Machines

IT = Informationstechnik

KAIMo = Kann ein Algorithmus im Konflikt moralisch kalkulieren?

KI = Künstliche Intelligenz

u.a. = unter anderem

z.B. = zum Beispiel

1. Einleitung

Im Zentrum der gesellschaftlichen Debatten zum Thema zukunftsorientierte Wirtschaft steht aktuell die Digitalisierung und die KI, die sogenannte Künstliche Intelligenz. Die zunehmende Vernetzung der Arbeitswelt durch das Internet und die Verbesserung der Leistungsfähigkeit von Computern eröffnet neue Möglichkeiten in der Anwendung (Ganz, Kremer, Hoppe, 2021). In diesem Zusammenhang sind die Kontroversen im gesellschaftlichen Diskurs zu nennen, die einerseits die Gefahr des Wegfalls von Arbeitsplätzen im Rahmen der Automatisierung anführen und die allgemeine Auflösung der Arbeitsgesellschaft durch den Austausch von Menschen mit Maschinen befürchten. Andererseits werden die Vorteile einer steigenden Produktivität, die sich in einer Stärkung der Wettbewerbsfähigkeit und eines wachsenden Bruttoinlandsproduktes widerspiegelt, sowie die Optimierung von Arbeitsprozessen und den Zugewinn an Freizeit für die Arbeitnehmer hervorgehoben (Heßler, 2016, S.17–24).

Die Anfänge der Begriffsentwicklung zur Künstlichen Intelligenz „KI" reichen bis 1956 zurück. Wissenschaftler einer Konferenz am Dartmouth College in den USA legten die theoretischen Grundlagen für die visionäre Idee, das menschliche Lernen und seine Intelligenz durch Maschinen zu simulieren (Nilsson, 2014). Als bedeutender Meilenstein der KI-Entwicklung ist der Schachcomputer „Deep Blue" von IBM zu nennen, der 1997 gegen den amtierenden Schachweltmeister gewann. Die Weiterentwicklung von Supercomputern mit hoher Rechenleistung, wie dem KI-Computerprogramm „Watson", ermöglichte das Potential von rechenbasierten Algorithmen in Vorhersagemodellen unter Beweis zu stellen (Ferrucci, Levas, Bagchi, 2013, S.93–105). Heutzutage können die Menschen dank leistungsstarker Prozessoren moderner Computer ebenfalls KI-Programme im Alltag nutzen, wie zum Beispiel die Sprachassistenten „Siri" (Apple) und „Alexa" (Amazone).

Die Künstliche Intelligenz und die Digitalisierung in der Arbeitswelt sind ein sehr präsentes und aktuelles Thema und sollen somit Gegenstand dieser Seminararbeit sein. Im Mittelpunkt der Betrachtung werden die Anwendungsmöglichkeiten der KI in der Sozialen Arbeit stehen. Die Chancen und Risiken des Einsatzes von Technologie basierend auf KI im Rahmen der Sozialarbeit sollen hinterfragt werden. Wird die KI im Bereich der Sozialen Arbeit ein Baustein für eine positive Entwicklung der Disziplin sein oder werden sich die enormen Vorbehalte in Bezug auf die Digitalisierung bewahrheiten?

Die Arbeit soll im Feld der Kindeswohlgefährdung vertiefend den Einsatz von Chatbots zur Prävention untersuchen und das Projekt „KAIMo" für die Algorithmen gestützte Bewertung von Konfliktsituationen beleuchten. Zum Abschluss der Arbeit soll die zukünftige Perspektive der Digitalisierung für die Fachdisziplin der Sozialen Arbeit diskutiert werden.

2. Begriffserklärung und Nutzbarkeit der KI

Das Denkvermögen eines Menschen kann nicht äquivalent zu den Prozessen des maschinellen Lernens angesehen werden, weshalb der Begriff „Intelligenz" in dem Kontext eher ungeeignet erscheint. Das maschinelle Lernen einer auf KI-basierenden Software erfolgt zuerst mit Hilfe der von IT-Spezialisten entwickelten Algorithmen zu statistischen Modellen, die bereitgestellte Trainingsdaten auswerten. In dieser Trainingsphase werden Muster durch das Computerprogramm generiert und dann in den zu evaluierenden Datenmengen erkannt, also ein Lernvorgang aufgrund von Erfahrung (Alpaydin, 2022). Abhängig von der Qualität der Trainingsdaten können automatisierte Diagnoseverfahren zur Mustererkennung vielseitig eingesetzt werden, wie zum Beispiel in der Auswertung von radiologischen Bildbefunden, Spracherkennung, Textverarbeitung und Berechnung von Zahlenabfolgen.

Der Vorteil KI gestützter Analysen liegt in der großen Datenmenge, die simultan für die Bearbeitung aus Datenquellen, auch als Prozess „Data-mining" genannt, bewältigt werden können. Der Mensch verfügt über solche Kapazitäten in der logischen Prozessierung von sogenannter „Big data" in der Regel nicht, denn sein Gehirn kann aufgrund des Bewusstseins nur die relevanten Informationen aus der Umwelt herausfiltern (Gruss & Bonhoeffer, 2011). Im Unterschied zum Menschen ist als Nachteil der KI die fehlende Evolution der Algorithmen anzusehen. Der Mensch kann seine Lernerfahrung nicht nur optimieren, sondern auch zu neuen Erkenntnissen gelangen. Diese Eigenschaft zum Beispiel etwas Neues zu erfinden, ist der bisherigen Entwicklung von KI noch verwehrt und Gegenstand intensiver Forschung im Rahmen von „Deep Learning" Projekten, um mittels künstlicher neuronaler Netzwerke die Prozesse des Bewusstseins im Gehirn zu imitieren (Sozonov, 2019).

Abschließend sollen noch die Begriffe „schwache KI" und „starke KI" erläutert werden. Hierbei bezieht sich ausschließlich die Softwarekomponente auf den Begriff „schwache KI". Die zusätzliche Verwendung von Hardware, wie z.B. Robotertechnik, wird als „starke KI" bezeichnet (Jorzig & Sarangi, 2020, S.109). Im weiteren Teil der Seminararbeit sollen Anwendungen schwacher KI vorgestellt werden.

2.1. Charakteristika von KI

Der Begriff der KI entstammt dem Fachbereich der Informatik und soll Maschinen anleiten, menschliche Tätigkeiten auszuführen (Lenzen, 2018). Die KI funktioniert über Algorithmen, ein programmiertes Prinzip prozessualer Automatisierung von Problemlösungsstrategien. Das Ziel von KI dabei ist, dass der Computer selbstständig durch die Algorithmen lernt. Dieser Vorgang wird maschinelles Lernen genannt (Kreutzer & Sirrenberg, 2019). Dazu benötigt das

KI-System generell eine große Menge an Daten zur Analyse. Der technische Ablauf dieser Datenanalyse erfolgt zuerst anhand eines Trainingsdatensatzes, bei dem die einzelnen Parameter abgestimmt werden, die zum besten Ergebnis führen. Danach kann die KI-Software neue Datensätze selbstständig auswerten. Dafür werden Algorithmen mit dem Ziel der Suche, Planung und Optimierung entwickelt, die Methoden der mathematischen Programmierung und Wahrscheinlichkeitsrechnung anwenden.

In den Verfahren zur Programmierung von KI wird in symbolische und subsymbolische Systeme der Programmierung unterschieden. Während beim ersten Verfahren das Ergebnis der KI-Analyse den vorgegebenen Regeln folgt und somit nachvollziehbar bleibt, ist dies beim subsymbolischen Verfahren nicht mehr der Fall (Sozonov, 2019). Das maschinelle Lernen symbolischer Verfahren basiert auf Lernvorgängen, die das Prinzip des überwachten Lernens anwenden, wohingegen bei subsymbolischen Verfahren ein Prozess des unüberwachten und bestärkenden Lernens initiiert wird. Dieses als „Black-Box" Programmierung bezeichnete Verfahren wird mittels neuronaler Netze ermöglicht, die neue Lösungswege durch das maschinelle Lernen ermöglichen. Methodisch erfolgt dies durch graphische Prozessierung der Daten und der Berechnung der vektoriellen Abstände zwischen einzelnen Datenpunkten, um deren Assoziation zueinander darzustellen (Schaaf, 2020).

Das KI-System bietet eine Approximation an eine ideale Lösung, jedoch nicht die ideale Lösung selbst. Die künstlichen neuronalen Netze sollen eine Simulation der biologischen neuronalen Netzwerke des Gehirns nachahmen (Schaaf, 2020). Das Ziel ist ein selbstständiges und autonomes Lernen der künstlichen computergestützten Netzwerke, indem die erlernten Korrelationen aus einem Netzwerk in ein weiteres Netzwerk überführt und damit die Vorhersagegenauigkeit erhöht werden. Diese Vorgehensweise wird als Deep Learning bezeichnet, da die Ergebnisse direkt in das nächste Netzwerk übernommen werden.

3. Möglichkeiten des Einsatzes von KI in der Sozialen Arbeit

Die Anwendung von KI-basierender Software in der Sozialen Arbeit ist dann hilfreich, wenn große Datenmengen zur Verfügung stehen. Hierbei kann die selbstlernende KI-Technologie helfen, in kurzer Zeit aus den zu analysierenden Datenquellen, die entsprechenden Muster zur Problemlösung einer Fragestellung zu extrahieren.

Der Fall eines Klienten ist mit einer umfassenden Dokumentationspflicht seitens des Sozialarbeiters verbunden (Laireiter, 2021). Diese Akten und Sammlung an Unterlagen kann als Datenquelle für eine zu lösende Fragestellung durch KI dienen. Es sollen in den folgenden

Anwendungen der Sozialen Arbeit das „Predictive Modelling", Chatbots und das Projekt KAIMo näher betrachtet werden.

3.1. Predictive Modelling

Seit den 1980er Jahren wird das KI-Verfahren des „Predictive Modelling" in verschiedenen Fachdisziplinen u.a. der Analyse von Tatorten in der Kriminalistik eingesetzt (Finlay, 2014). Dieses System eines Vorhersagemodells ermöglicht eine Prognose über das menschliche Verhalten und kann kritische Lebensumstände identifizieren. In Neuseeland wurde dieses System zur Erkennung von Kindeswohlgefährdung eingesetzt. Die Trefferquote bei diesem Modellversuch lag bei 76 Prozent (Schrödter, Bastian, Taylor, 2020, S.255–264). Die Nutzung weiterer Datenquellen, wie Gesundheitsdaten oder Fallakten der Polizei, könnte die Quote noch verbessern. Die Erweiterung des Modells wirft jedoch datenschutzrechtliche Fragen auf und könnte zu einer Stigmatisierung von Bevölkerungsgruppen führen. Der zugrundeliegende Algorithmus des „Predictive Modelling" liefert keine neutrale Prognose, sondern bildet auch schlechte Lebensumstände ab (Steiner & Tschopp, 2022, S.466–471). Dennoch stellt das „Predictive Modelling" eine Unterstützung zur professionellen Bewertung eines Sachverhaltes dar.

3.2. KI-gestützte Chatbots in der Sozialen Arbeit

Eine authentische Interaktion zwischen Menschen und Maschinen soll durch Chatbots ermöglicht werden. Die Kommunikation kann sprach- oder textbasiert sein (Rapp, Curti, Boldi, 2021). Das Programm erhält sprachliche Nachrichten und kann ebenfalls sprachliche Nachricht zurücksenden. Die Unterhaltung wird somit gestartet und gehalten. Die entwickelten Verbesserungen in der Sprachverarbeitung und die Nutzung von neuronalen Netzwerken ermöglichen eine fast menschliche Unterhaltung. Es wird ein Beziehungsverhältnis zwischen dem Menschen und dem Programm initiiert. Der Einsatz von Chatbots hat somit auch eine soziale Qualität (Araujo, 2018, S.183–189).

Sehr bekannte Chatbots sind ELIZA, Deprexis und Woebot. Joseph Weizenbaum entwickelte 1966 einen ersten Chatbot ELIZA, welcher ein psychotherapeutisches Gespräch führte. Das System beruht auf der Anwendung der Roger`schen Gesprächspsychotherapie und möchte den Nutzer Strategien zur Problemlösung vermitteln (Gaffney, Mansell, Edwards, 2014, S.731–746). In der Sozialen Arbeit ist die Anwendung von KI gestützten Chatbots wissenschaftlich nur in Ansätzen beschrieben. Forschungen zur Nutzung von Chatbots in der Psychotherapie und im klinisch-psychologischen Rahmen ergaben eine Begünstigung der psychischen Gesundheit, eine gute Handhabbarkeit und eine einfache Anwendbarkeit. In vielen Fällen beruht die Technik jedoch nur auf einer Filterung von Sprachbeiträgen, welche passende Antworten generieren, also nicht wirklich auf der Nutzung von KI basieren. Erfolge konnten die Nutzer in den Bereichen der Stress Reduzierung, der Verringerung von depressiven Phasen und der Steigerung des Wohlbefindens verzeichnen (Gaffney, Mansell, Edwards, 2014, S.731–746). Eine Verringerung von Angst- und Depressionszuständen ist das Ziel des Chatbots WOEBOT. Dieser nutzt kognitive und verhaltenstherapeutische Prinzipien als Grundlage des Chatbots. Eine randomisierte klinische Studie konnte eine Verminderung der depressiven Symptome und der Angstsymptomatik belegen (Fitzpatrick, Darcy, Vierhile, 2017). Den Patienten mit depressiven Erkrankungen steht mit Deprexis ein ergänzendes Programm zur Verfügung. Das Programm soll die Hilfe zur Selbsthilfe anregen. Es wird neben einer medikamentösen Behandlung oder Psychotherapie eingesetzt. Deprexis ist als ein Überbrückungsangebot zu verstehen und kann zur unterstützenden Begleitung während der Therapie des Klienten dienen (Meyer, Berger, Moritz, 2015, S.33).

Eine Auswertung von Texten anhand von maschinellem Lernen bietet die Software Privalino (Dilba, 2018, S.79–82). Chatverläufe von Kindern und Jugendlichen werden auf eine Gefährdung durch Sextortion, Cyper-Mobbing, Radikalisierung oder Cyper-Grooming hin überprüft. Der Hinweis auf eine Gefährdung wird mit dieser Software an das Jugendamt oder die Eltern weitergeleitet. Unter Cyper-Grooming wird das Verfahren bezeichnet, bei welchem sich ein Erwachsener einem Minderjährigen durch Beeinflussung nähert, um einen sexuellen Missbrauch vorzubereiten (Whittle, Hamilton-Giachritsis, Beech, 2013, S.62–70). Die sexuelle Ausbeutung eines Minderjährigen durch Videos und Bilder nennt man Sextortion (Härtig & Chevalier, 2022, S.275–290).

3.3.   Einsatz von KI zur Früherkennung von Kindeswohlgefährdung – das Projekt „KAIMo"

Laut dem deutschen Gesetzgeber liegt eine Kindeswohlgefährdung dann vor „wenn eine gegenwärtige oder zumindest unmittelbar bevorstehende Gefahr für die Kindesentwicklung abzusehen ist, die bei ihrer Fortdauer eine erhebliche Schädigung des körperlichen, geistigen oder seelischen Wohls des Kindes mit ziemlicher Sicherheit voraussehen lässt" (BGB, 2014, § 1666). Die Eltern haben ein verankertes Recht auf Erziehung und die Kinder haben ein Recht auf Unversehrtheit. Hieraus ergibt sich ein nicht unerheblicher Konflikt. Den Eingriffsmöglichkeiten des Staates steht zunächst, dass Recht der Eltern auf Erziehung entgegen (Archard, 2014). Nur bei einer andauernden körperlichen, geistigen oder seelischen Gefährdung des Kindes darf der Staat intervenieren.

Das Projekt „KAIMo" der Universität München, Nürnberg und Würzburg beschäftigt sich mit der Frage, ob eine KI-Software bei der Beurteilung einer drohenden Kindeswohlgefährdung hilfreich sein kann (https://www.kaimo.bayern/). In der Sozialen Arbeit zum Schutz von Kindern können Problemlagen sehr komplex sein und teilweise auch zu einer Bedrohungslage der Betroffenen führen. Daher müssen die beabsichtigten Maßnahmen zum Schutz von Kindern fundiert begründbar und transparent sein, denn wichtige Rechte von Familien und Privatsphäre sind davon betroffen (Bode, Schrödter, Bastian, 2012). Das Jugendamt hat den Auftrag möglichst früh Kindeswohlgefährdung zu erkennen und eine bestehende oder drohende Gefahr für das Kind abzuwenden und zu verhindern. Der Sozialarbeiter muss deshalb von Fall zu Fall individuell seine Entscheidung nach gesetzlichen Normen und ethischen Werten der Gesellschaft abwägen. Ziel des KAIMo Projektes ist die Fragestellung, ob ein Algorithmus in der Lage ist, die moralischen Spannungsverhältnisse zwischen verschiedenen Interessengruppen zu analysieren und den Sozialarbeiter in seiner Entscheidung nach normativen Kriterien zu unterstützen (Stieler, Burghardt, Poltermann, 2021, S.9–13). Können künstliche Systeme den Sozialarbeiter in der Lösung der Konflikte unterstützen? Liegen dem technischen System ausreichende Datenmengen zur Verarbeitung vor und wie kann die Technologie in den Arbeitsalltag des Sozialarbeiters integriert werden?

Die Prognosen zur Kindeswohlgefährdung werden durch eine statistische Erhebung erstellt. Es werden bestimmte Verhaltensweisen und Merkmale zugrunde gelegt, die spezifisch für gefährdete Kinder und Jugendliche angenommen werden. In Deutschland wird zur Dokumentation vermehrt prozessabbildende Standardsoftware im Feld des Kinderschutzes genutzt. Die Fallakten werden durch diese Anwendungen verwaltet und bieten Lösungen für alle sozialen Themenfelder an (Tillmann, Siller, Zorn, 2020). Somit kann zwischen den betreffenden Behörden und Kinderärzten eine Zusammenarbeit erfolgen. Auffällige Indizien für Kindeswohlgefährdung und eine Häufung von Risikofaktoren können so den Behörden mitgeteilt werden. Diese vorhandene Dokumentation kann dem Projekt KAIMo als mögliche Datenquelle dienen.

4.   Kritische Betrachtungen von KI in der Sozialen Arbeit

Die KI-basierende digitale Technologie kann dabei helfen, die Arbeitslast des Sozialarbeiters zu verringern und moralische Entscheidungsprozesse zu standardisieren. Jedoch ist zu berücksichtigen, dass die sensible ethische Abwägung ein hohes Maß an Empathie und emotionaler Intelligenz voraussetzt. Die KI ist zwar in der Lage große Datenmengen mit Hilfe von Methoden logischer Analyseschritte rational durch Algorithmen zu verarbeiten, kann aber in der Bestimmung idealler Größen, wie z.B. Emotionen, an die Grenzen der Anwendbarkeit gelangen. Zum Beispiel ist die mathematische Bestimmung von Glück aufgrund der fehlenden absoluten Größe des ideellen Wertes von Glück nicht einfach lösbar, sondern kann nur mit der angewandten Mathematik mittels Statistik annähernd beschrieben werden (Barth, 2022). Inwieweit eine technologische Lösung die ethischen und sozialen Standards in der Sozialarbeit individuell von Fall zu Fall passend abbilden kann, ist Gegenstand der Forschung der Entwicklung von KI-Software.

4.1. Chancen der KI

Welche Möglichkeiten des Einsatzes von KI-basierender Technologie in der Sozialarbeit sind denkbar? Der eindeutige Vorteil in der Anwendung von KI-Software im Feld der Sozialarbeit liegt in der Bereitstellung und Auswertung von Aktenmaterial während der Fallbearbeitung, was zur Zeitersparnis und Effizienz der Arbeitsprozesse führt. Zudem ist eine systematische Auswertung von Informationen anhand der bereitgestellten umfassenden Datenlage möglich. In Studien zur Sozialarbeit wurde die unzureichende Bereitstellung an Informationen für eine systematische Fallauswertung als eines der grundlegenden Probleme identifiziert (Oelerich, 2017, S.268–281). In der Praxis wird für die systematische Bearbeitung eines Falles die Dokumentation ähnlich gelagerter Fälle oft nicht beachtet und angewandt, da diese Daten nicht leicht erfassbar und präsent sind. Als weiteres Problem in der alltäglichen Praxis der Sozialarbeit ist die subjektive Urteilsbildung aufgrund von individueller Interpretation durch den Verfasser von Fallberichten festzustellen. Der mangelnde Zugang zu den Quelldaten eines Falles kann daher eine objektive und unvoreingenommene Entscheidung nach rechtlichen Grundlagen beeinträchtigen (Marks & Sehmer, 2017, S.203–229).

Die Anwendung KI-basierender Software im Prozess der Entscheidungsfindung in einem Fall kann dem Sozialarbeiter in Zukunft die effektive und umfassende Bereitstellung von Daten, sowie die objektive Analyse von Informationen, ermöglichen. Darüber hinaus könnte eine Vernetzung mit anderen Einrichtungen aufgrund derselben Datenlage die Erkenntnisse zum Fall und dessen Bearbeitung verbessern.

4.2. Herausforderungen in der Anwendung von KI

Eine der großen Hürden für die Anwendung von KI-basierenden Systemen und dem Austausch bzw. der Verfügbarkeit zwischen verschiedenen Institutionen liegt im Datenschutz begründet. Die Regelung der Nutzung von Datenquellen und deren Verarbeitung unterliegen verschiedenen internationalen, europäischen, bundesdeutschen und länderspezifischen Richtlinien (Vogel, 2022). In Deutschland wird aus datenschutzrechtlichen Gründen auf die

Nutzung personenbezogener Daten weitestgehend in der Softwareverarbeitung verzichtet, so dass die digitalen Anwendungen in der sozialen Arbeit nur Prozessdaten abbilden können. Dieser Umstand schränkt die Nutzbarkeit von maschinellen Lernprozessen auf eine nur eingeschränkt zugängliche Datenmenge ein und kann zu verringerter Aussagekraft der KI-basierenden Resultate führen (Vogel, 2022).

Die Qualität der Daten ist maßgeblich für die allgemeine Genauigkeit des KI-Algorithmus. Die Hochwertigkeit der Trainingsdaten zur Anpassung des Vorhersagemodells zum einen als auch die Datenorganisation und -struktur der zu analysierenden Datenquelle sind eine Grundvoraussetzung für die erfolgreiche Anwendung von KI (Southekal, 2023). Zudem ist als eine weitere Herausforderung die mehrschichtige Analyse von verschiedenen Datenquellen zu nennen, die jeweils eine eigene Trainingsdaten Anpassung benötigen und den Einsatz eines KI-Algorithmus mittels neuronaler Netze voraussetzt (Sozonov, 2019). Sowohl die Trainingsdaten als auch die Datenquelle selbst weisen zumeist strukturelle Ungleichheiten auf, was durch die unterschiedliche Qualität der Dokumentation der verschiedenen Nutzer hervorgerufen wird. Eine Standardisierung und Harmonisierung dieser Daten ist daher zielführend für die Genauigkeit der KI-basierenden Vorhersage. Unklare oder lückenhafte Daten in der Falldokumentation sollten vorab geklärt und ergänzt werden.

Letztendlich ist der Einsatz von KI-basierenden Assistenzsystemen in der Praxis der Sozialarbeit von der Akzeptanz des menschlichen Nutzers abhängig. Wenn die systematische Aufbereitung von Daten und die Qualität der Vorhersage nützlich sind, dann werden sich die KI-Anwendungen im zukünftigen Alltag des Sozialarbeiters etablieren.

5.   Schlussbetrachtung

Die KI ist ein Hilfsmittel zur Optimierung quantitativer und qualitativer Aspekte. Große Datenmengen werden erfassbar und können effizient analysiert werden. Die Harmonisierung und Standardisierung der Daten kann eine objektive Entscheidungsgrundlage anbieten. Als digitales Assistenzsystem kann es den Sozialarbeiter in seinen Arbeitsalltag unterstützen. In der Entscheidungsfindung kann die KI eine umfassende und einheitliche Grundlage für die Fallbearbeitung darstellen.

Dem Vorteil der digitalen regelbasierenden Anwendung künstlicher Intelligenz steht die Irrationalität menschlichen Handelns entgegen. Im Vergleich künstlicher Intelligenz mit menschlicher Intelligenz sind emotionale und soziale Aspekte in einem auf Rationalität basierenden Algorithmus nur bedingt abzubilden. Die emotionale Intelligenz des Menschen kann bisher nicht durch Maschinen erlernt werden. Der Mensch verfügt über Sympathie,

Empathie, Mitgefühl und empfindet Trauer, Angst und Freude. Die KI ist zwar in der Lage die Emotionen eines Menschen anhand seiner Mimik zu interpretieren, jedoch beruht dies auf Bildauswertungsverfahren und ist kein Algorithmus zum „Fühlen". Daher ist es spannend, ob im Rahmen des Projektes „KAIMo" ein Algorithmus trainiert werden kann, der zu moralischen Entscheidungen fähig ist oder diese kalkulieren kann.

Die zunehmende Komplexität neuronaler Netze wird die Kapazität zur algorithmischen Lösung einer Simulation des menschlichen Bewusstseins in Zukunft wahrscheinlich erreichen. Jedoch werden wir dann noch in der Lage sein, die Fähigkeit der autonomen Programmierungslösung in der „Black-Box" nachzuvollziehen? Dieses Problem der fehlenden Transparenz von Lösungswegen in den Modellen der selbstlernenden neuronalen Netze birgt das Risiko einer unkontrollierten Verselbstständigung von Technik. Eine künstliche Intuition würde geschaffen. Im Vergleich zur menschlichen Intuition, wo Entscheidungen oftmals aus dem Bauch heraus getroffen werden, würde ein Black-Box Modell eines neuronalen Netzes ebenso automatisiert eine Entscheidung treffen, die der Mensch nicht mehr nachvollziehend analysieren kann. Eine transparente Möglichkeit der Kontrolle und Überprüfbarkeit der Entscheidungsweise eines KI-basierenden Algorithmus ist daher weiterhin ratsam und Gegenstand von Prüfungsverfahren zur technischen Zulassung von KI-Anwendungen.

Die zukünftige Anwendung von KI-basierenden Assistenzsystemen hat den Vorteil, dass die praktische Erfahrung und wissenschaftliche Expertise des Menschen im Verständnis von zugrundeliegenden Prozessen und Fragestellungen die abschließende Entscheidungshoheit behalten. Die Prognosen der KI-basierenden Vorhersagemodelle sollten immer dem berechtigten Zweifel des Anwenders unterliegen, die Hypothese dahingehend zu überprüfen, ob die Trainingsdaten des Algorithmus qualitativ gut genug waren.

Literaturverzeichnis

Alpaydin, E. (2022). Maschinelles Lernen. De Gruyter, Oldenbourg.

Archard, D. (2014). Children. Rights and Childhood. Hoboken, New Jersey.

Araujo, T. (2018). Living up to the chatbot hype: The influence of anthropomorphic design cues and communicative agency framing on conversational agent and company perceptions. Computers in Human Behavior, Vol. 85, S.183–189.

Barth, T. (2022). Die Kunst des Zählens Mathematik und Technik von der Steinzeit bis Big Data und KI. Wiley, Weinheim.

Bode, I., Schrödter, M., Bastian, P., Marthaler T. (2012). Rationalitäten des Kinderschutzes Kindeswohl und soziale Interventionen aus pluraler Perspektive. VS Verlag für Sozialwissenschaften, Wiesbaden.

Dilba, D. (2018). Wie Kinder sicher chatten. In: Bundesministerium für Wirtschaft und Energie (Hrsg.): *Kultur- und Kreativpiloten Deutschland*, Offsetdruck GmbH, Berlin

Finlay, S. (2014). Predictive Analytics, Data Mining and Big Data - Myths, Misconceptions and Methods. Palgrave Macmillan, London.

Ferrucci, D., Levas, A., Bagchi, S., Gondek, D., Mueller E.T. (2013). Watson: Beyond Jeopardy! In: *Artificial Intelligence.* Vol.199–200, S.93–105, Elsevier, Amsterdam.

Fitzpatrick, K.K., Darcy, A., Vierhile, M. (2017). Delivering Cognitive Behavior Therapy to Young Adults With Symptoms of Depression and Anxiety Using a Fully Automated Conversational Agent (Woebot): A Randomized Controlled Trial. JMIR Ment Health., Vol.4 (2).

Gaffney H., Mansell W., Edwards R., Wright J. (2014). Manage Your Life Online (MYLO): a pilot trial of a conversational computer-based intervention for problem-solving in a student sample. Behav Cogn Psychother., Vol. 42 (6), S.731–746.

Ganz W., Kremer D., Hoppe M., Tombeil A.S., Dukino C., Zaiser H., Zanker C. (2021). Arbeits- und Prozessgestaltung für KI-Anwendungen. Fraunhofer Verlag, Stuttgart.

Gruss, P. & Bonhoeffer, T. (2011). Zukunft Gehirn neue Erkenntnisse, neue Herausforderungen; ein Report der Max-Planck-Gesellschaft. Beck Verlag, München.

Härtig, M. & Chevalier, C. (2022). „Sexortion" bzw. das Erpressen mittels sexuellem Bild- und Videomaterial. In: Stember, J. (Hrsg.): *Neue Erkenntnisse und Ansätze im Polizei-, Verwaltungs- und öffentlichen Finanzmanagement.* Vol. 9, S.275–290, Nomos, Baden-Baden.

Heßler M. (2016). Zur Persistenz der Argumente im Automatisierungsdiskurs. In: Bundeszentrale für politische Bildung (Hrsg.): *Aus Politik und Zeitgeschichte 66,* 18–19, Bonn.

Jorzig, A. & Sarangi, F. (2020). Digitalisierung im Gesundheitswesen - Ein kompakter Streifzug durch Recht, Technik und Ethik. Springer Verlag, Berlin, Heidelberg.

KAIMo Projekt (https://www.kaimo.bayern/), Reder, M., Hochschule für Philosophie, München

Kreutzer, R. T., & Sirrenberg, M. (2019). Künstliche Intelligenz verstehen: Grundlagen – Use-Cases – unternehmenseigene KI-Journey. Springer Verlag, Wiesbaden.

Laireiter, P. (2021). Dokumentation in der Sozialen Arbeit. Wie technische Innovationen die Dokumentationspraxis verändern (können). GRIN Verlag, München.

Lenzen, M. (2018). Künstliche Intelligenz: Was sie kann & was uns erwartet. Beck Verlag, München.

Marks, S. & Sehmer, J. (2017). Familiale Autonomie im Kinderschutz Rekonstruktion einer Einschätzung des Jugendamts zur Intervention und Prävention in einem Fall von Kindeswohlgefährdung. Sozialer Sinn, Vol.18(2): S.203–229.

Meyer, B., Berger T., Moritz S. (2015). Geht die Psychotherapie ins Netz? - Möglichkeiten und Probleme von Therapie und Beratung im Internet. Psychosozial-Verlag, Gießen.

Nilsson, N.J. (2014). Die Suche nach Künstlicher Intelligenz - eine Geschichte von Ideen und Erfolgen. Akademische Verlagsgesellschaft AKA, Berlin.

Oelerich, G. (2017). Forschung und Evaluation. In: Kruse, E., Kessl, F., Stövesand, S., Thole, W. (Hrsg.): *Soziale Arbeit – Kernthemen und Problemfelder.* UTB GmbH, Stuttgart.

Rapp, A., Curti, L. & Boldi, A. (2021). The human side of human-chatbot interaction: a systematic literature review of ten years of research on text-based chatbots. International Journal of Human-Computer Studies, Vol. 151, Art. 102630.

Schaaf, N. (2020). Neuronale Netze: Ein Blick in die Black Box. Informatik Aktuell, https://www.informatik-aktuell.de/betrieb/kuenstliche-intelligenz/neuronale-netze-ein-blick-in-die-black-box.html

Schrödter, M., Bastian, P., Taylor, B. (2020). Risikodiagnostik und Big Data Analytics in der Sozialen Arbeit. In: N. Kutscher, T. Ley, U. Seelmeyer, et al. (Hrsg.): *Handbuch Soziale Arbeit und Digitalisierung.* Beltz Verlag, Wiesbaden.

Southekal, P. (2023). Data Quality - Empowering Businesses with Analytics and AI. Wiley, Hoboken, New Jersey, USA.

Sozonov, V. (2019). The Fundamentals of Data Science: Big Data, Deep Learning, and Machine Learning: What You Need to Know about Data Science and why it Matters. Amazon Publishing Kindle Direct Publishing, Seattle.

Steiner, O. & Tschopp, D. (2022). Künstliche Intelligenz in der Sozialen Arbeit: Grundlagen, Entwicklungen, Herausforderungen. Sozial Extra, Vol. 46, Springer VS Verlag, Wiesbaden.

Stieler, M., Burghardt, J., Poltermann, A., Dierks, J., Lehmann, R. (2021). Künstliche Intelligenz als Sozialarbeiterin. In: *Neue Caritas*. Politik – Praxis – Forschung, Vol. 21.

Tillmann, A., Siller, F., Zorn, I., Kutscher, N., Ley, T., Seelmeyer, U. (2020). Handbuch Soziale Arbeit und Digitalisierung. Beltz Verlag, Wiesbaden.

Vogel, P. (2022). Künstliche Intelligenz und Datenschutz - Vereinbarkeit intransparenter Systeme mit geltendem Datenschutzrecht und potentielle Regulierungsansätze. Nomos Verlag, Baden-Baden.

Whittle, H.C., Hamilton-Giachritsis, C., Beech, A.R., Collings, G. (2013). A review of online grooming: Characteristics and concerns. In: *Aggression and violent behavior*, 18(1), S.62–70.